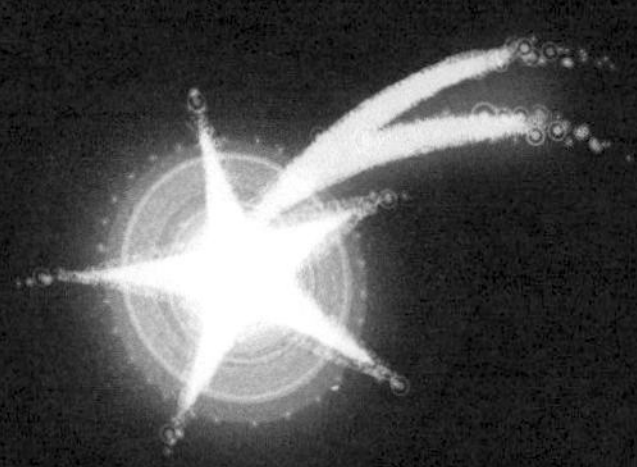

Uma noite sem igual

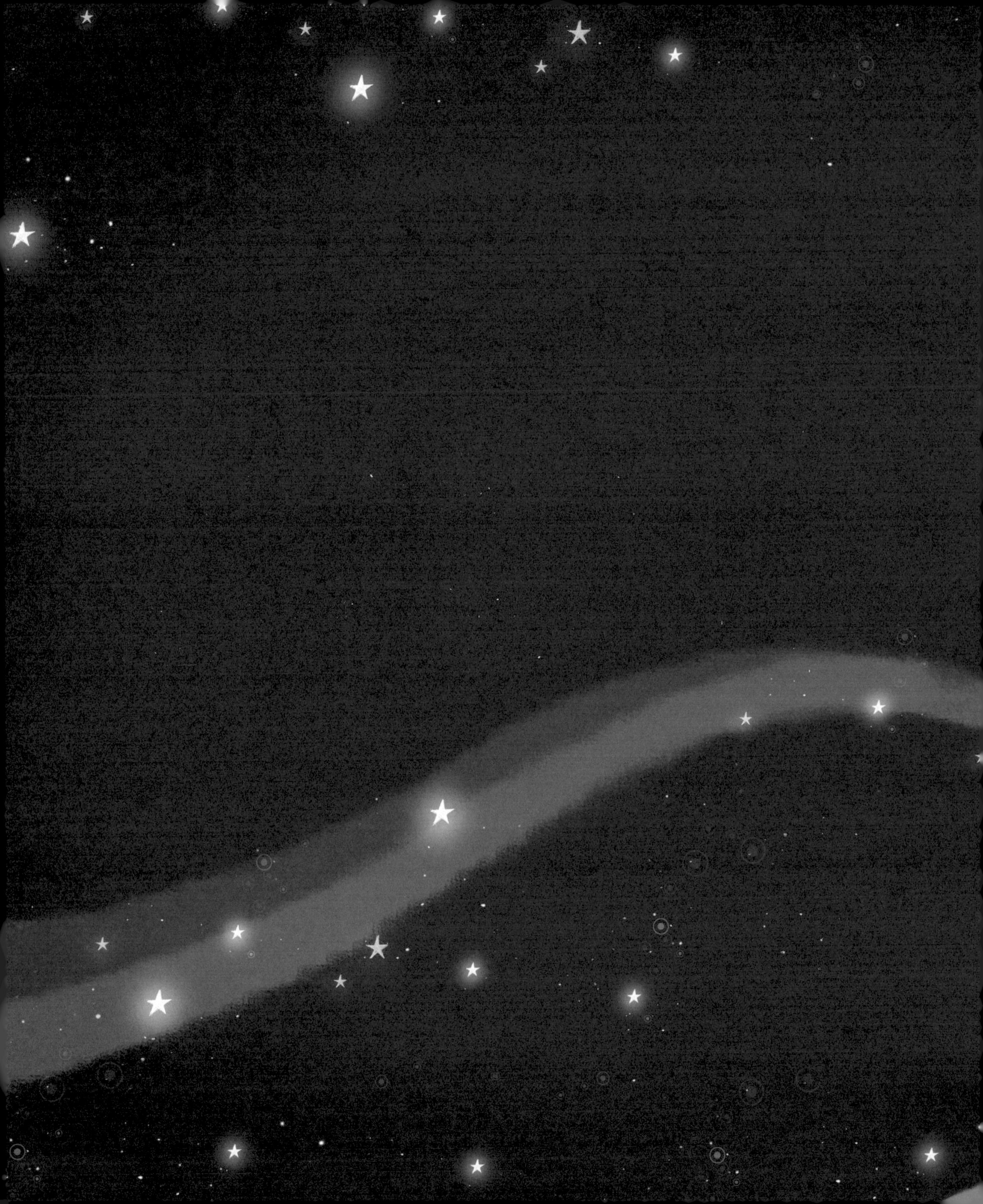

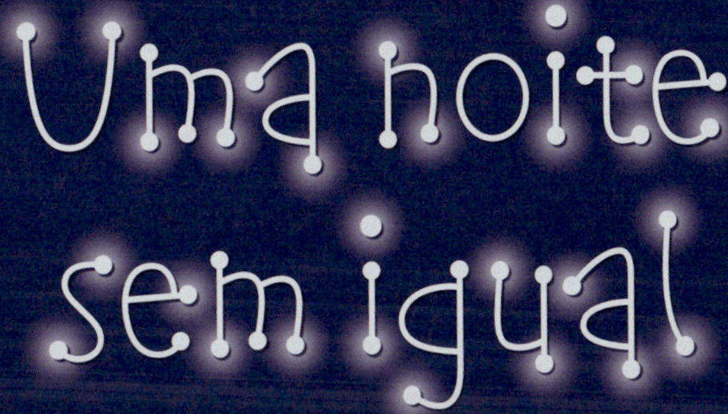

Uma noite sem igual

Ana Maria Machado

Ilustrações: Fabiana Salomão

1ª edição

FTD

São Paulo - 2021

FTD

Copyright © Ana Maria Machado, 2010

EDITORA FTD S.A.
Matriz: Rua Rui Barbosa, 156 - Bela Vista - São Paulo - SP
CEP 01326-010 - Tel. (0-XX-11) 3598-6000
Caixa Postal 65149 - CEP da Caixa Postal 01390-970
Internet: www.ftd.com.br
E-mail: projetos@ftd.com.br

Diretora editorial Ceciliany Alves • **Editora assistente** Myriam Chinalli • **Assistente de produção** Lilia Pires • **Assistente editorial** Tássia Regiane Silvestre de Oliveira • **Preparadora** Maria Clara Barcellos Fontanella • **Revisora** Elvira Rocha • **Coordenador de produção editorial** Caio Leandro Rios • **Editora de arte** Andréia Crema • **Projeto gráfico e diagramação** Luis Vassallo • **Gerente de pré-impressão** Reginaldo Soares Damasceno

Ana Maria Machado nasceu no Rio de Janeiro, formou-se em Letras e trabalhou como pintora, professora e jornalista antes de dedicar-se inteiramente à literatura infantil e juvenil. É autora de mais de 100 obras, publicadas em 19 países. Recebeu o Prêmio Hans Christian Andersen em 2000. Em 2001 a Academia Brasileira de Letras lhe concedeu o Prêmio Machado de Assis, pelo conjunto de sua obra. Foi eleita para a cadeira número 1 da ABL em 2003.

Este livro foi publicado anteriormente pela Ediouro (2001)

Dados Internacionais de Catalogação na Publicação (CIP)
(Câmara Brasileira do Livro, SP, Brasil)

Machado, Ana Maria
Uma noite sem igual / Ana Maria Machado ; ilustrações Fabiana Salomão. - 1. ed. - São Paulo : FTD, 2010.

ISBN 978-85-322-7560-8

1. Contos - Literatura infantojuvenil
I. Salomão, Fabiana. II. Título.

10-11479 CDD-028.5

Índices para catálogo sistemático:

1. Contos : Literatura infantil 028.5
2. Contos : Literatura infantojuvenil 028.5

A - 691.853/21

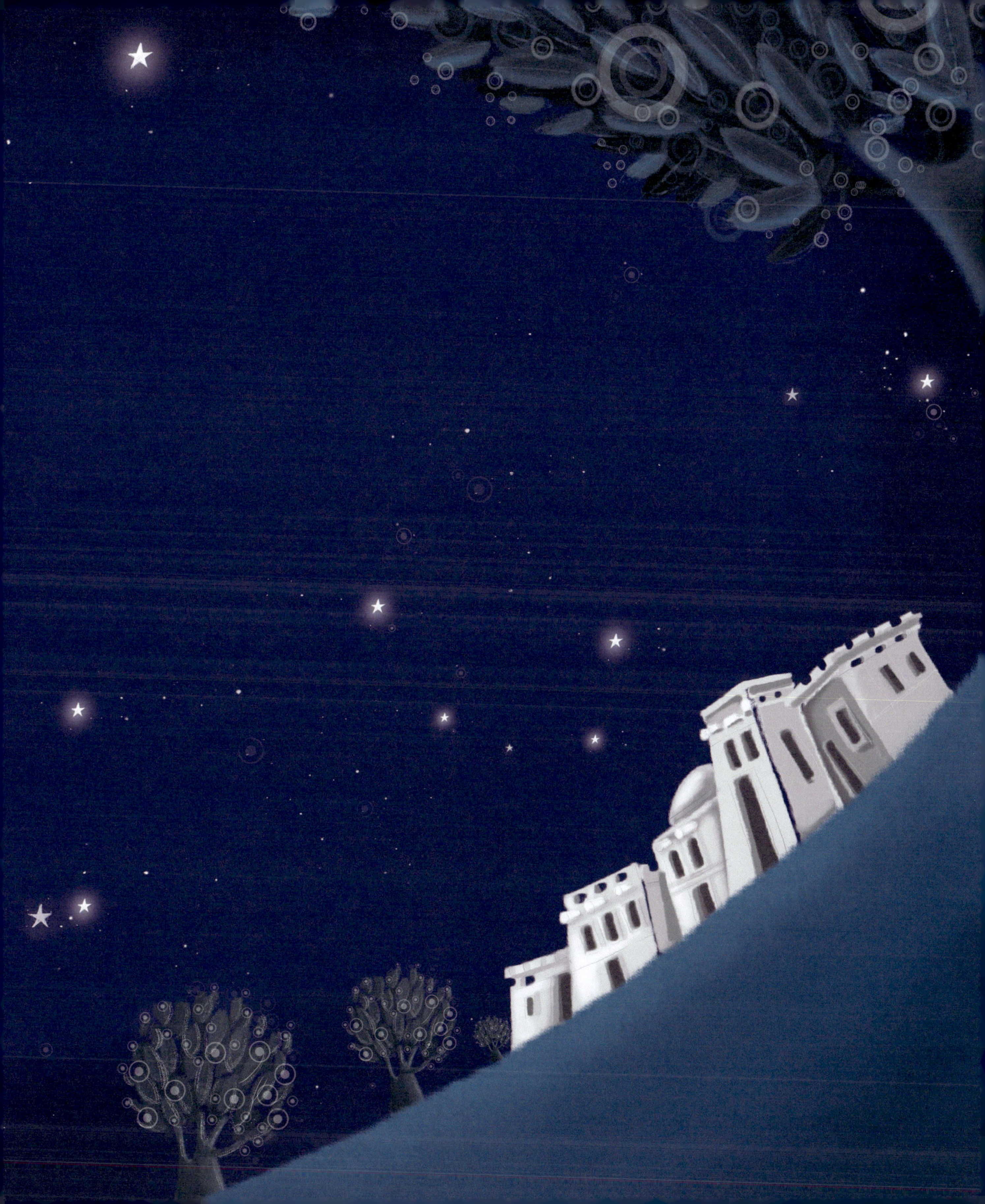

Naquele tempo, as pessoas eram como as de hoje, mas o jeito de viver era mais calmo e mais trabalhoso. E lá na Judeia da nossa história havia um menino como você, chamado Benjamim.

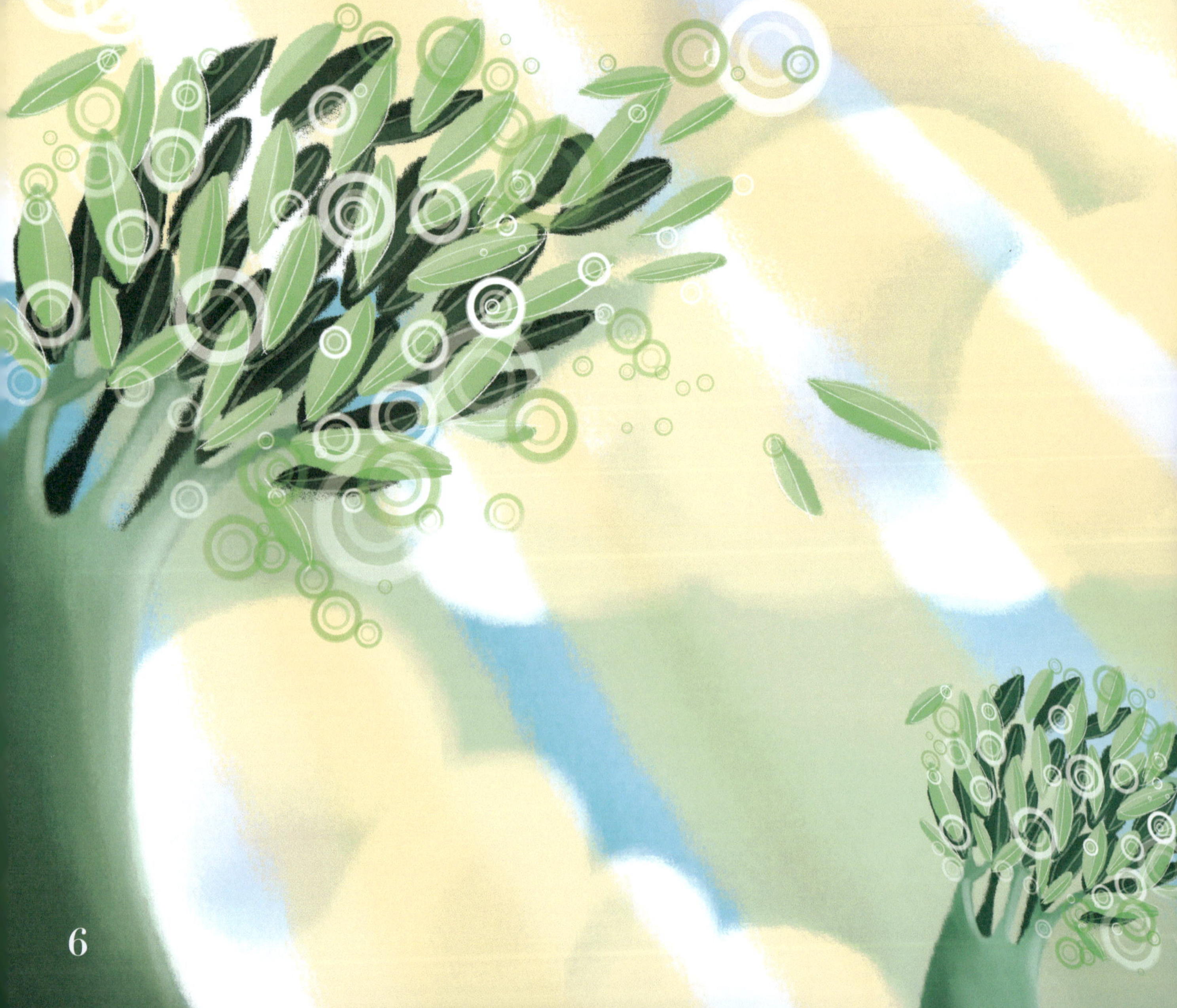

Ele era alegre e gostava de correr e pular. Ainda bem, porque uma parte do trabalho dele era justamente correr e pular atrás dos carneirinhos que queriam fugir. É que Benjamim era pastor. Passava o dia com os pastores mais velhos. Às vezes, quando não havia gente grande por perto, aparecia um menino de asas mais brancas que os carneirinhos e os dois brincavam.

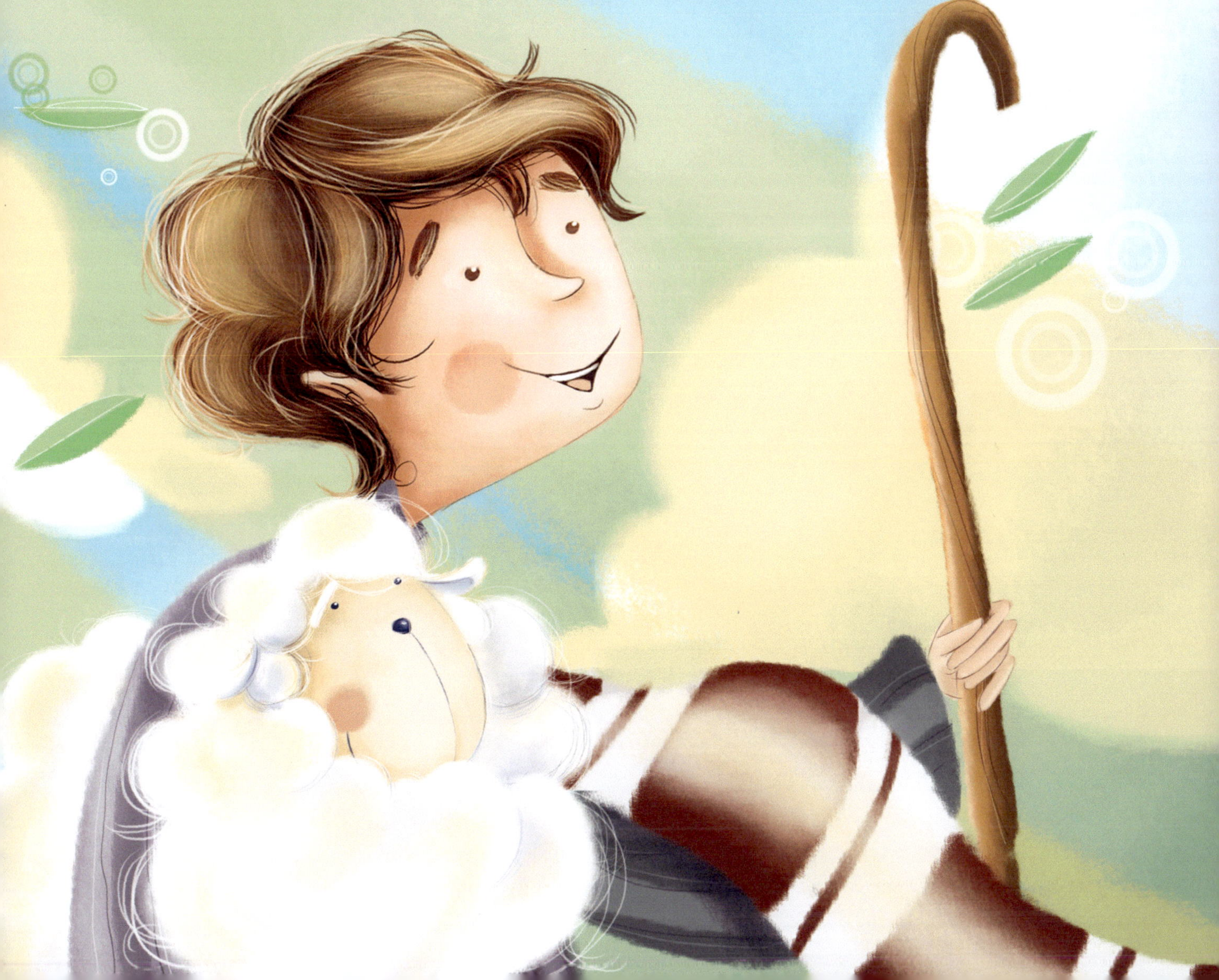

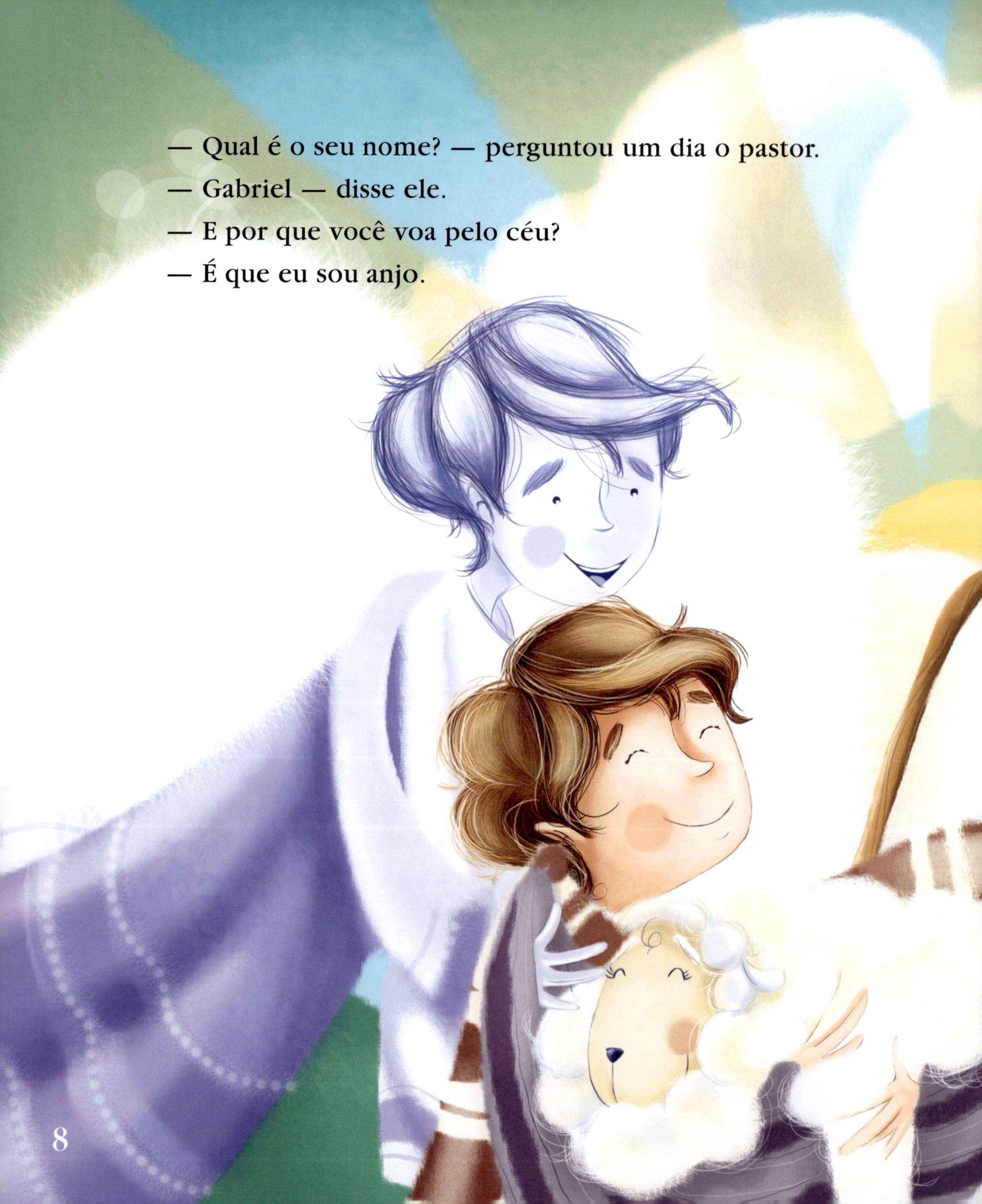

— Qual é o seu nome? — perguntou um dia o pastor.

— Gabriel — disse ele.

— E por que você voa pelo céu?

— É que eu sou anjo.

E o anjo e o menino eram amigos. De noite, quase sempre Benjamim dormia ali pelo campo mesmo, com os outros pastores. Às vezes fazia muito frio e ele se esquentava entre carneirinhos. Antes de dormir, ficava prestando atenção na noite. Gostava tanto...

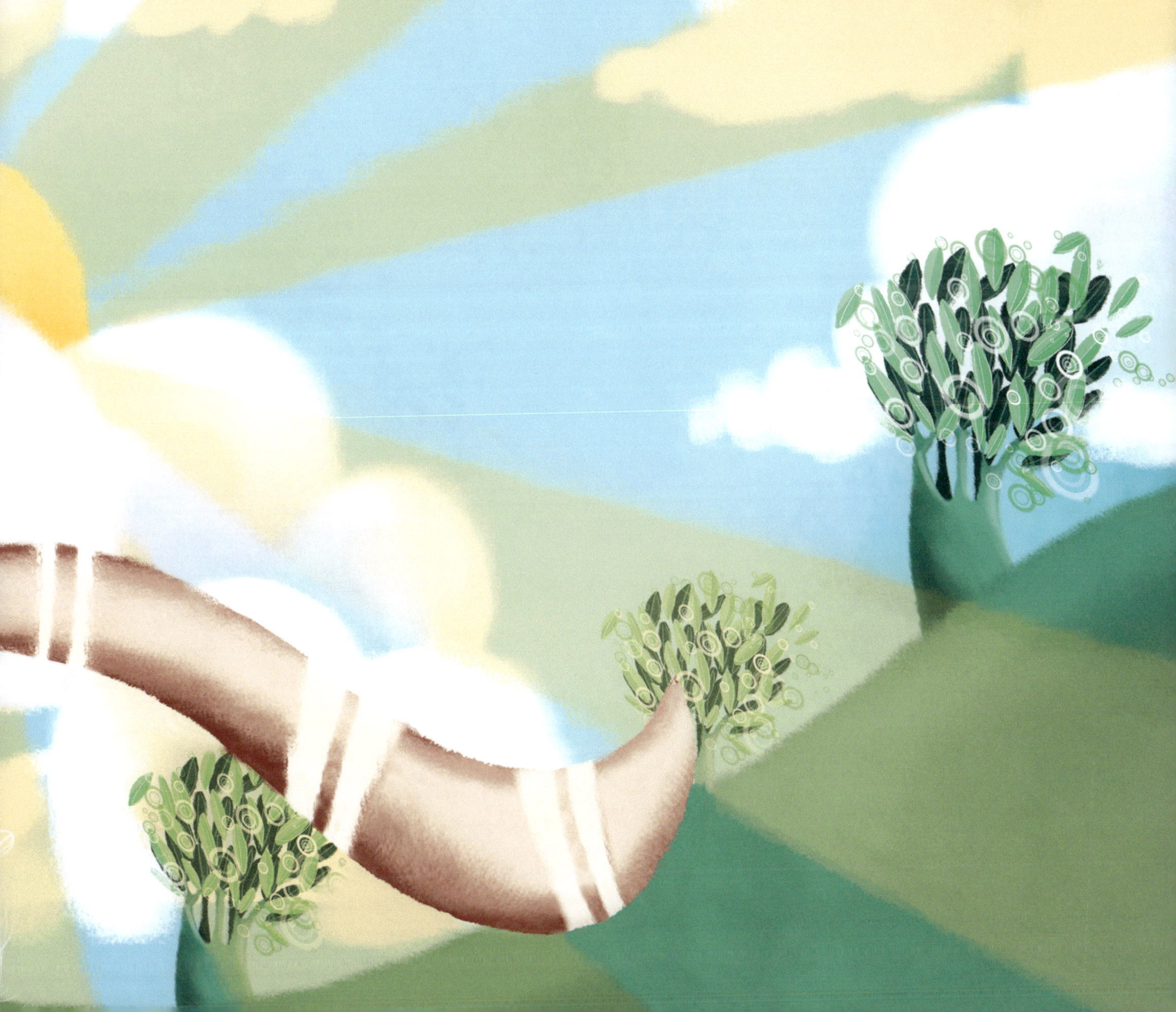

— Cri-cri... — fazia o grilo.

— Béééé... — berrava uma ovelha.

— U-u-u-u... — piava uma coruja.

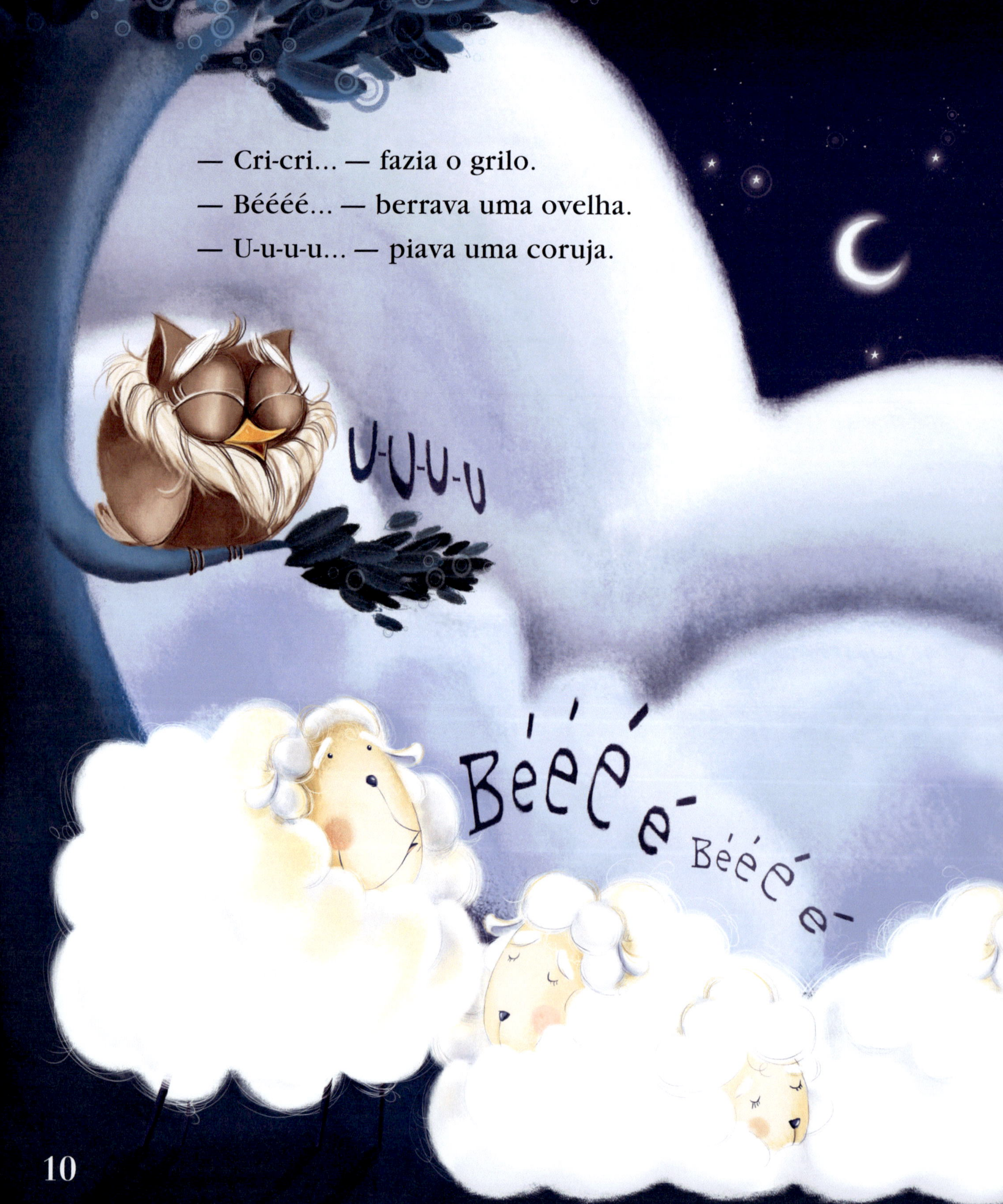

Benjamim gostava de ouvir. E gostava de olhar para o céu, os vaga-lumes, a lua clarinha, as estrelas piscando. Acabava dormindo, como se os barulhinhos da noite fossem uma cantiga de ninar.

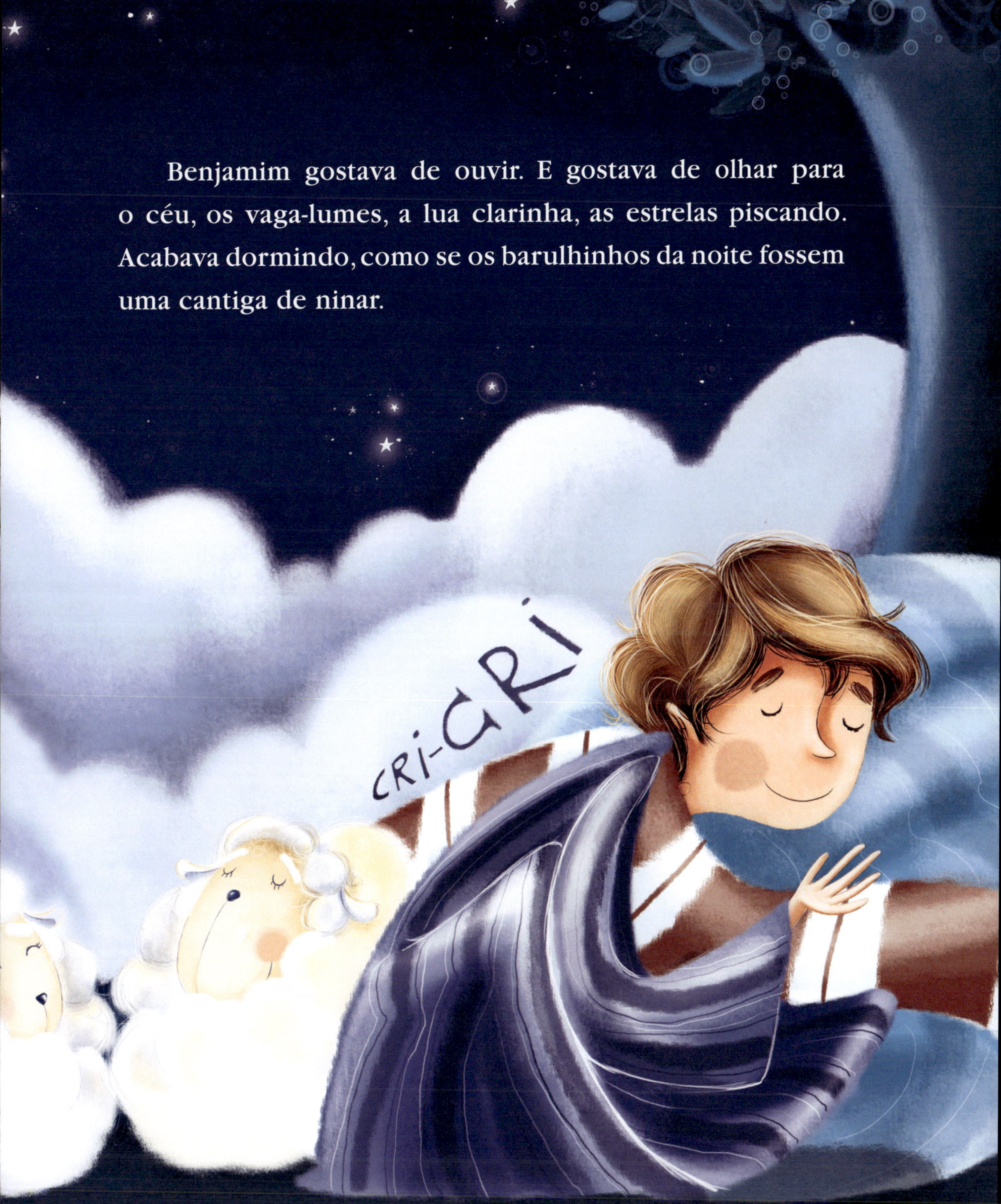

Mas uma noite, de repente, ele acordou com um susto. Tinha certeza de que alguma coisa esquisita estava acontecendo. Depois, reparou bem: o que tinha feito ele acordar era o silêncio. Um silêncio enorme, como se o mundo todo tivesse parado para prestar atenção, igualzinho a ele.

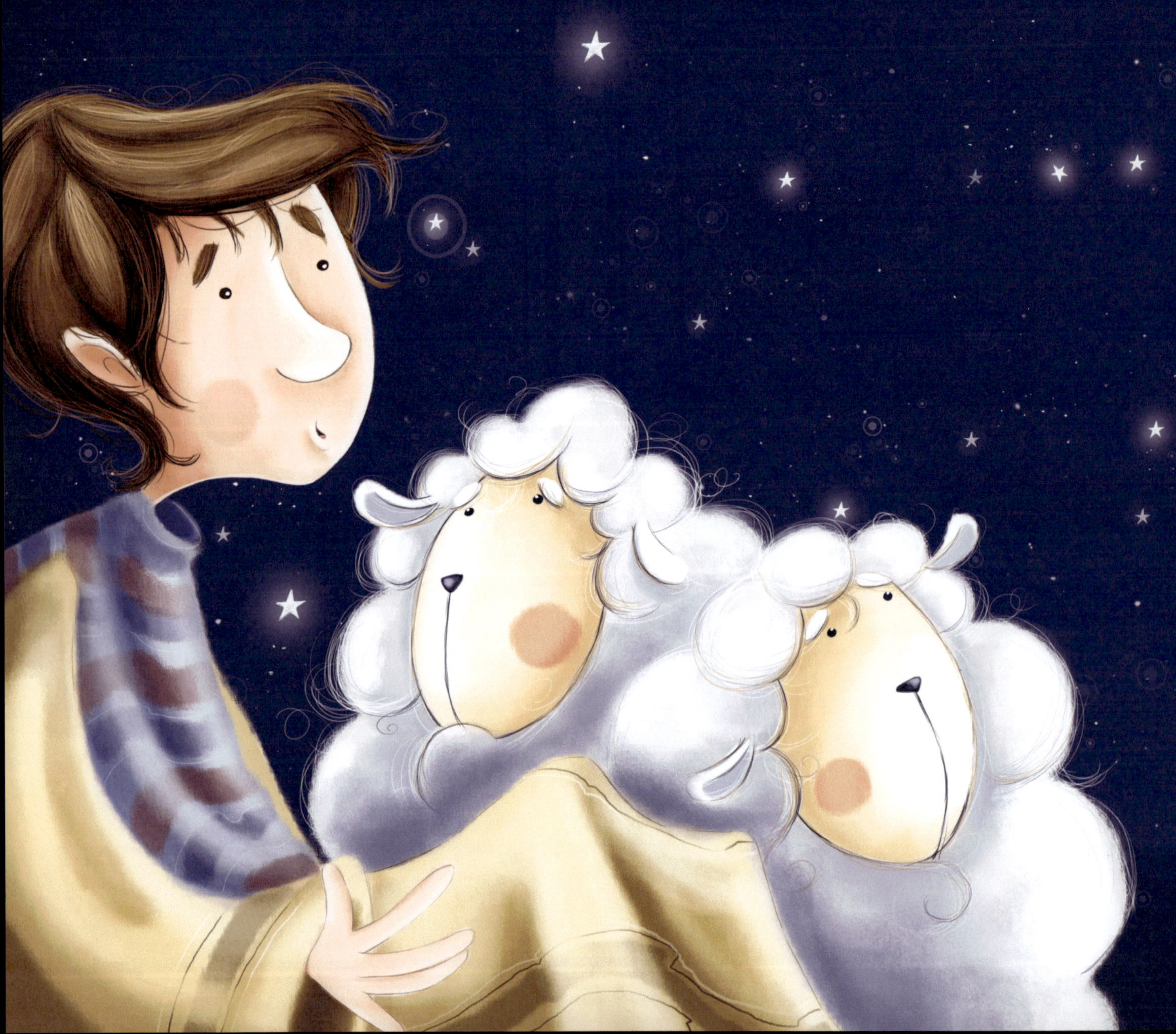

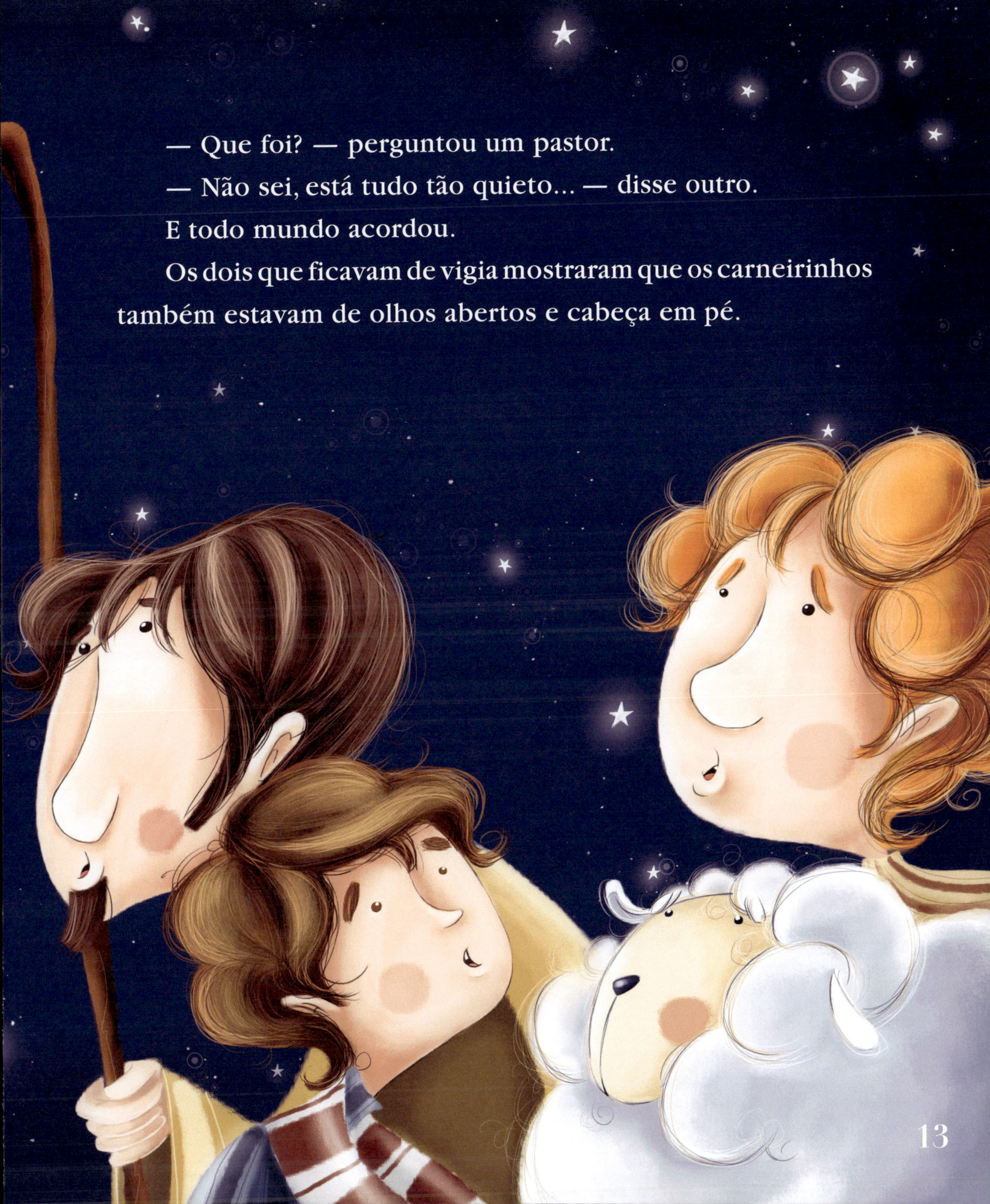

— Que foi? — perguntou um pastor.

— Não sei, está tudo tão quieto... — disse outro.

E todo mundo acordou.

Os dois que ficavam de vigia mostraram que os carneirinhos também estavam de olhos abertos e cabeça em pé.

Aí eles começaram a sentir um perfume bom e a ouvir uma música suave e linda, vinda do alto, como se o céu estivesse cantando assim:

— Glória a Deus nas alturas e paz na Terra aos homens de boa vontade!

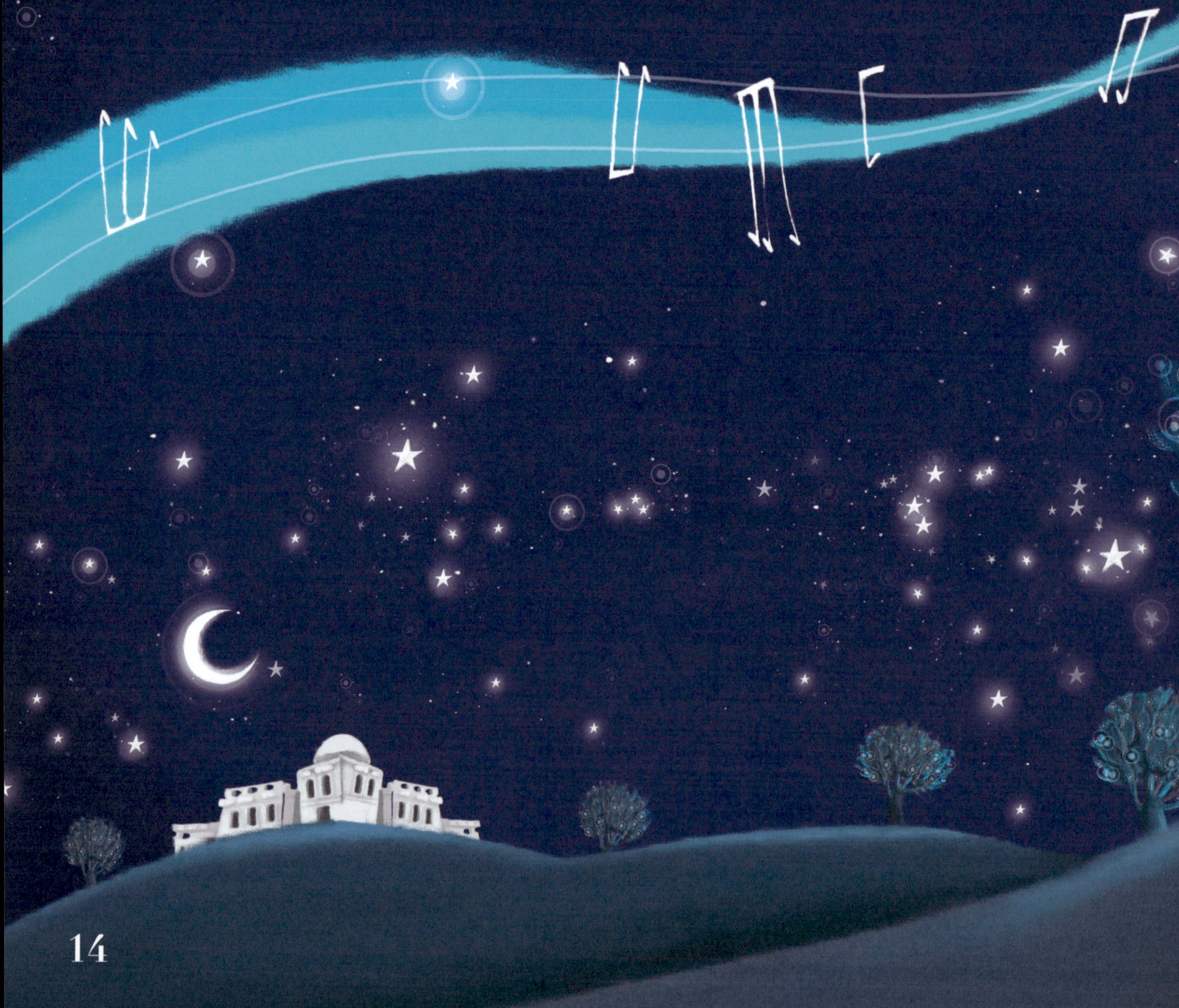

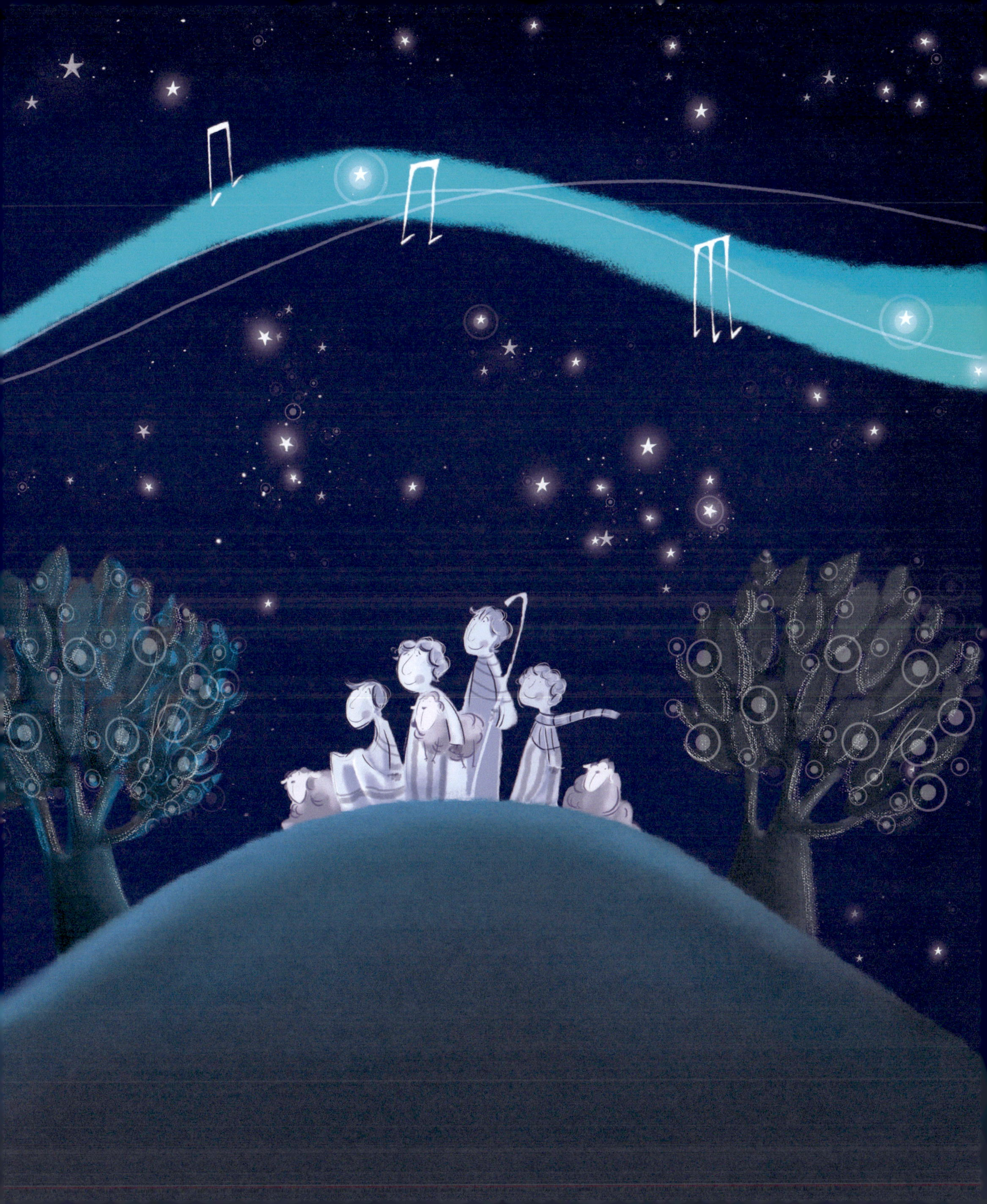

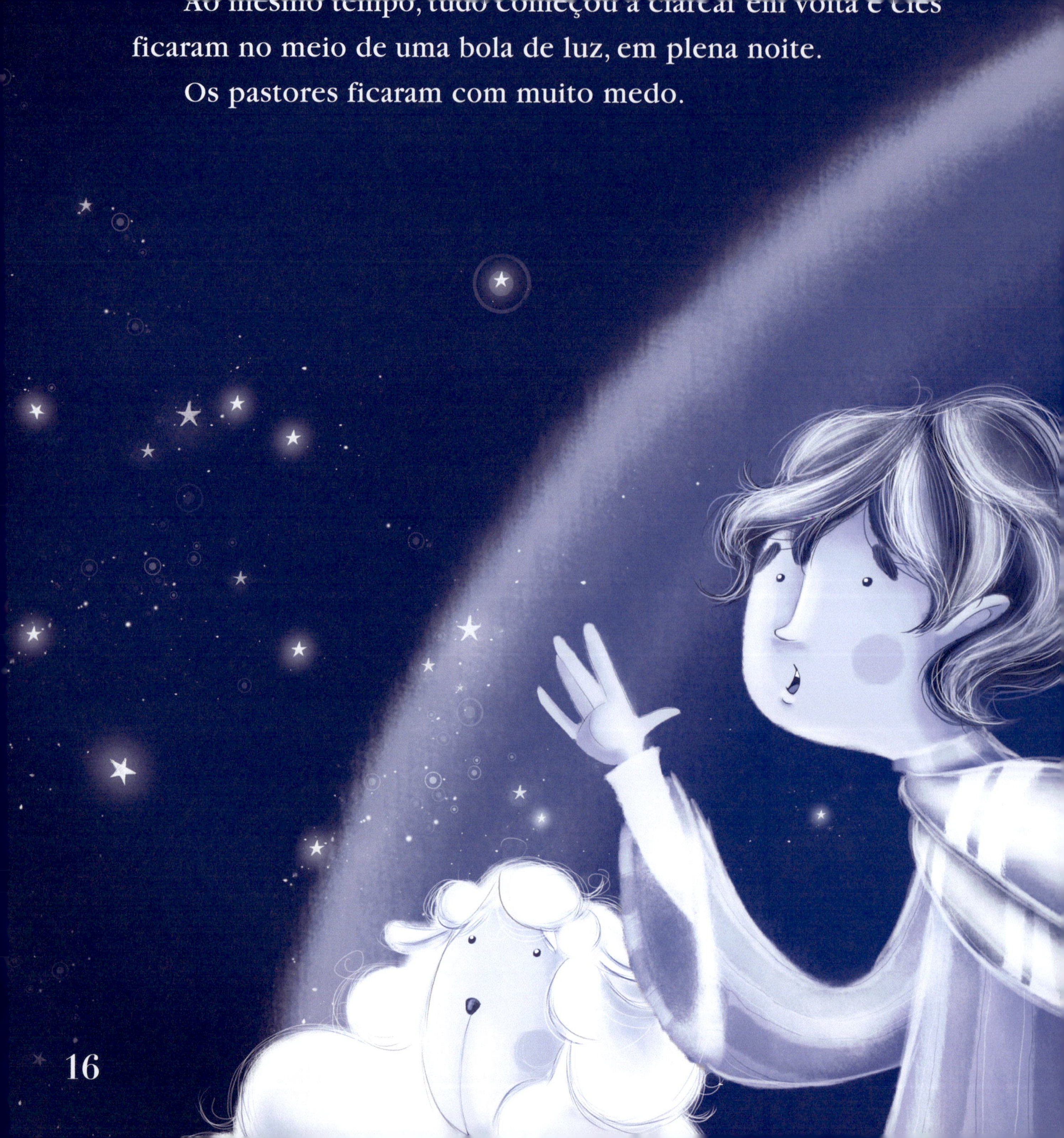

Ao mesmo tempo, tudo começou a clarear em volta e eles ficaram no meio de uma bola de luz, em plena noite.

Os pastores ficaram com muito medo.

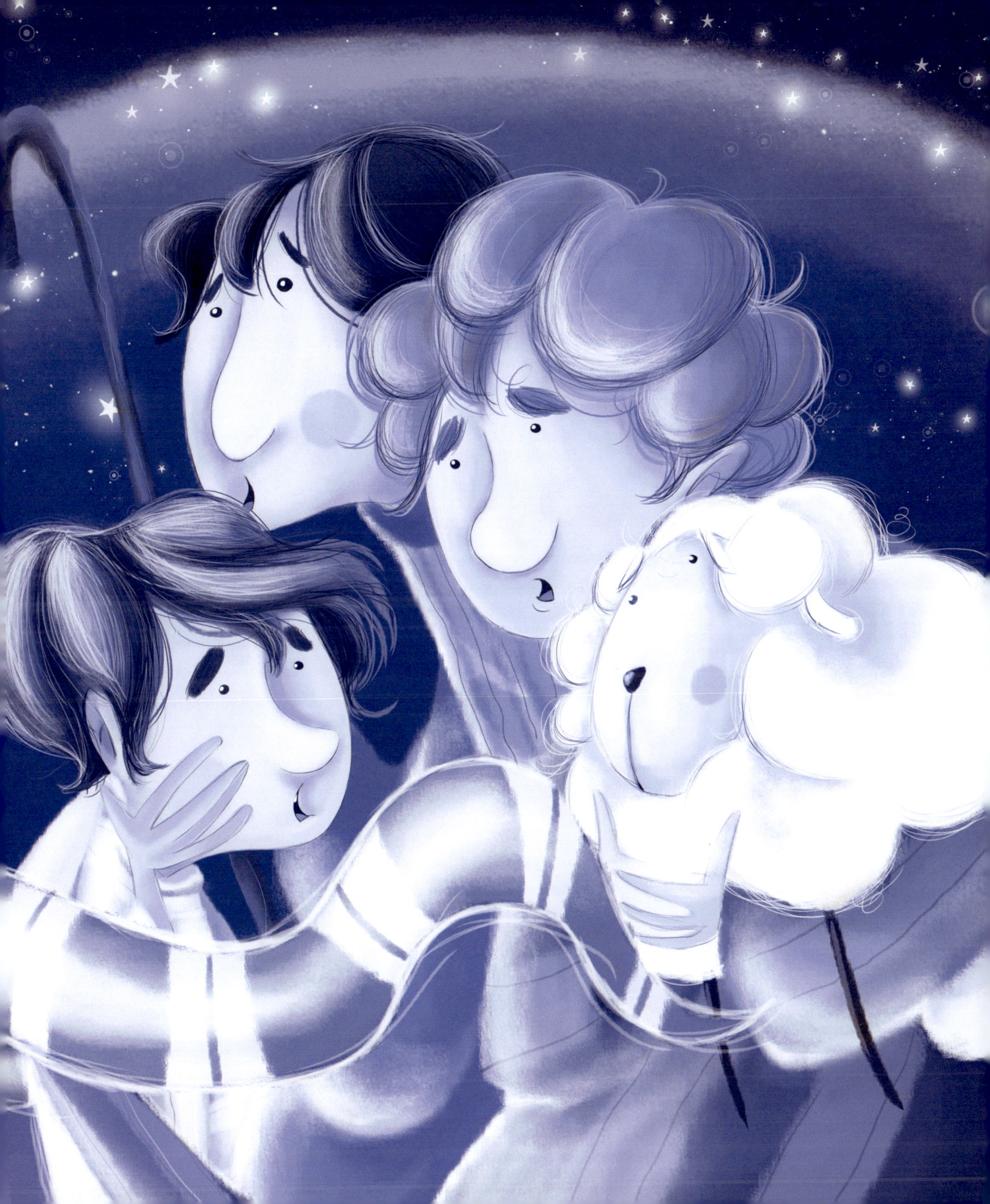

Mas aí, sabe quem apareceu? Gabriel! Então Benjamim ficou sossegado e ajudou a acalmar os grandes enquanto o amigo explicava:

— Ninguém precisa ter medo. Estou trazendo uma notícia ótima, que vai encher o mundo inteiro de alegria, e vocês são os primeiros a saber...

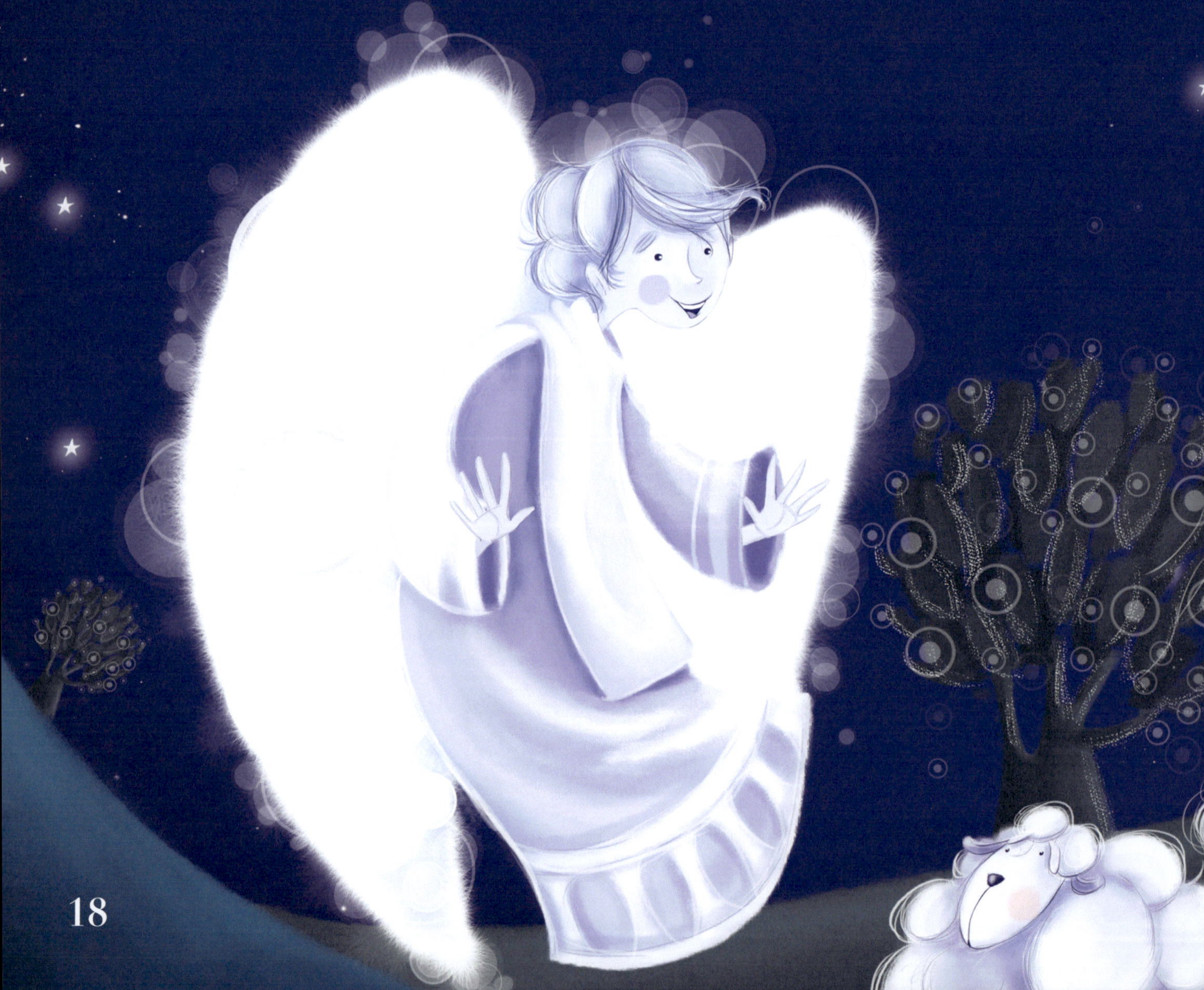

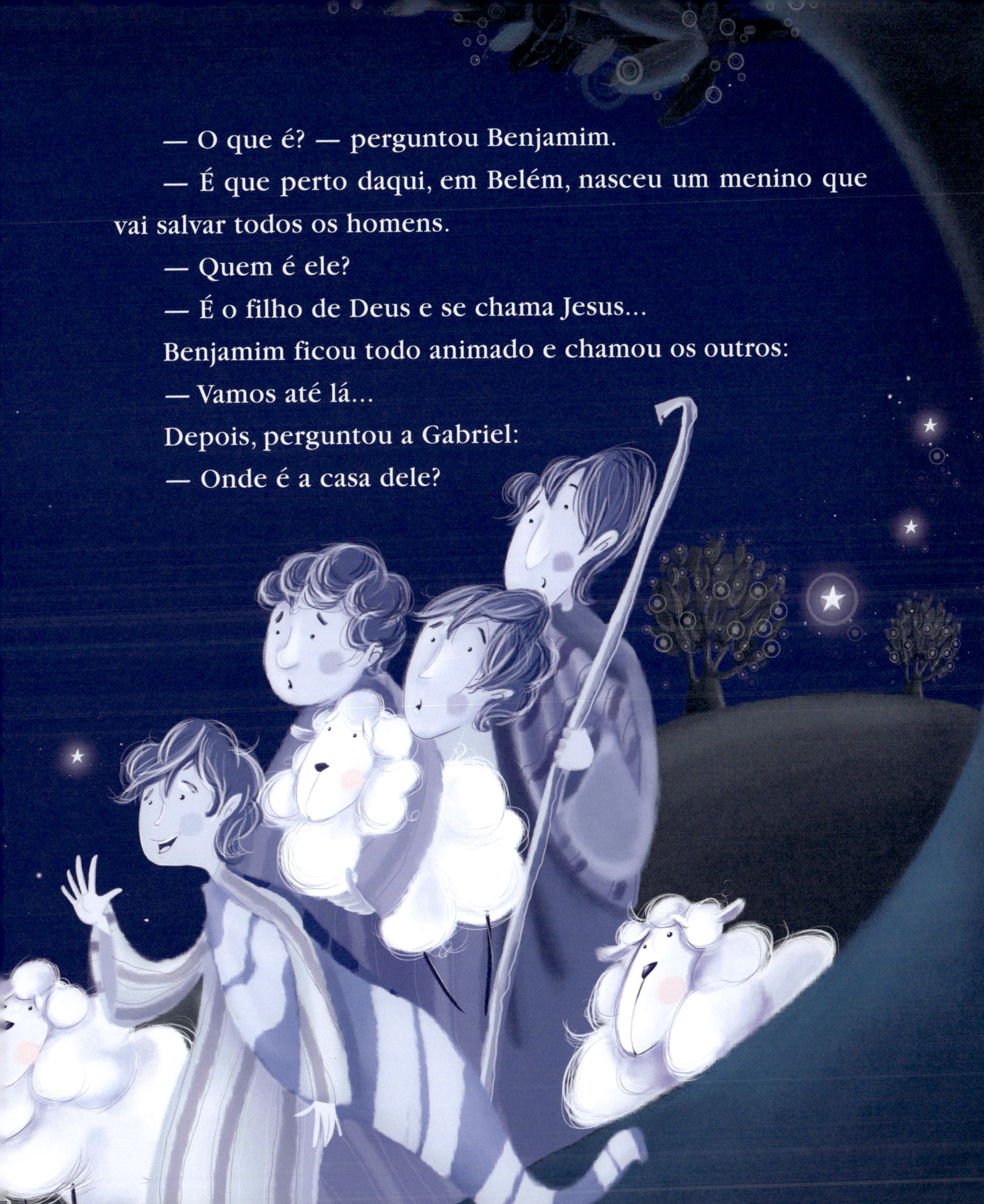

— O que é? — perguntou Benjamim.

— É que perto daqui, em Belém, nasceu um menino que vai salvar todos os homens.

— Quem é ele?

— É o filho de Deus e se chama Jesus...

Benjamim ficou todo animado e chamou os outros:

— Vamos até lá...

Depois, perguntou a Gabriel:

— Onde é a casa dele?

O anjo explicou:

— Ele não tem casa. Maria, a mãe dele, veio de Nazaré, com José, o marido. Viajaram muito e estavam exaustos, mas não acharam nenhum lugar para ficar. E aí chegou a hora de o menino nascer.

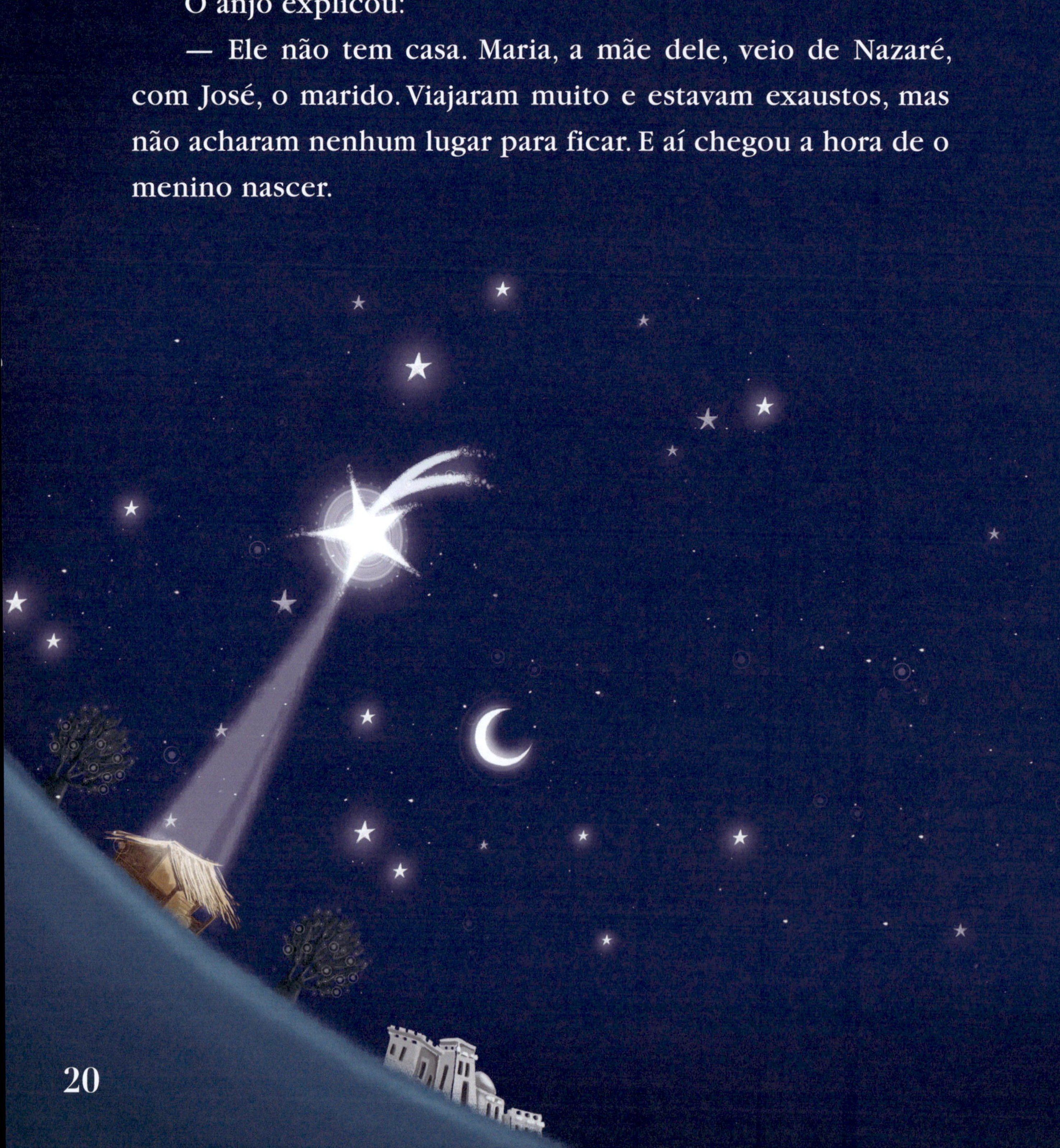

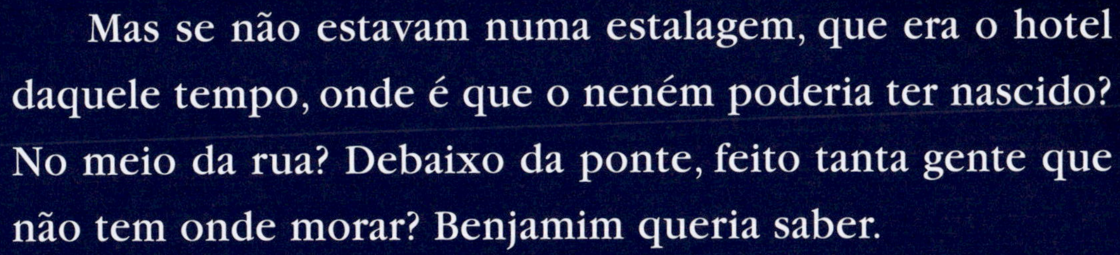

Mas se não estavam numa estalagem, que era o hotel daquele tempo, onde é que o neném poderia ter nascido? No meio da rua? Debaixo da ponte, feito tanta gente que não tem onde morar? Benjamim queria saber.

— Eles se abrigaram num curral — disse Gabriel. — O menino está deitado num cocho de botar comida para os animais, porque não tinha berço. Podem ir lá, é fácil, é só seguir a estrela.

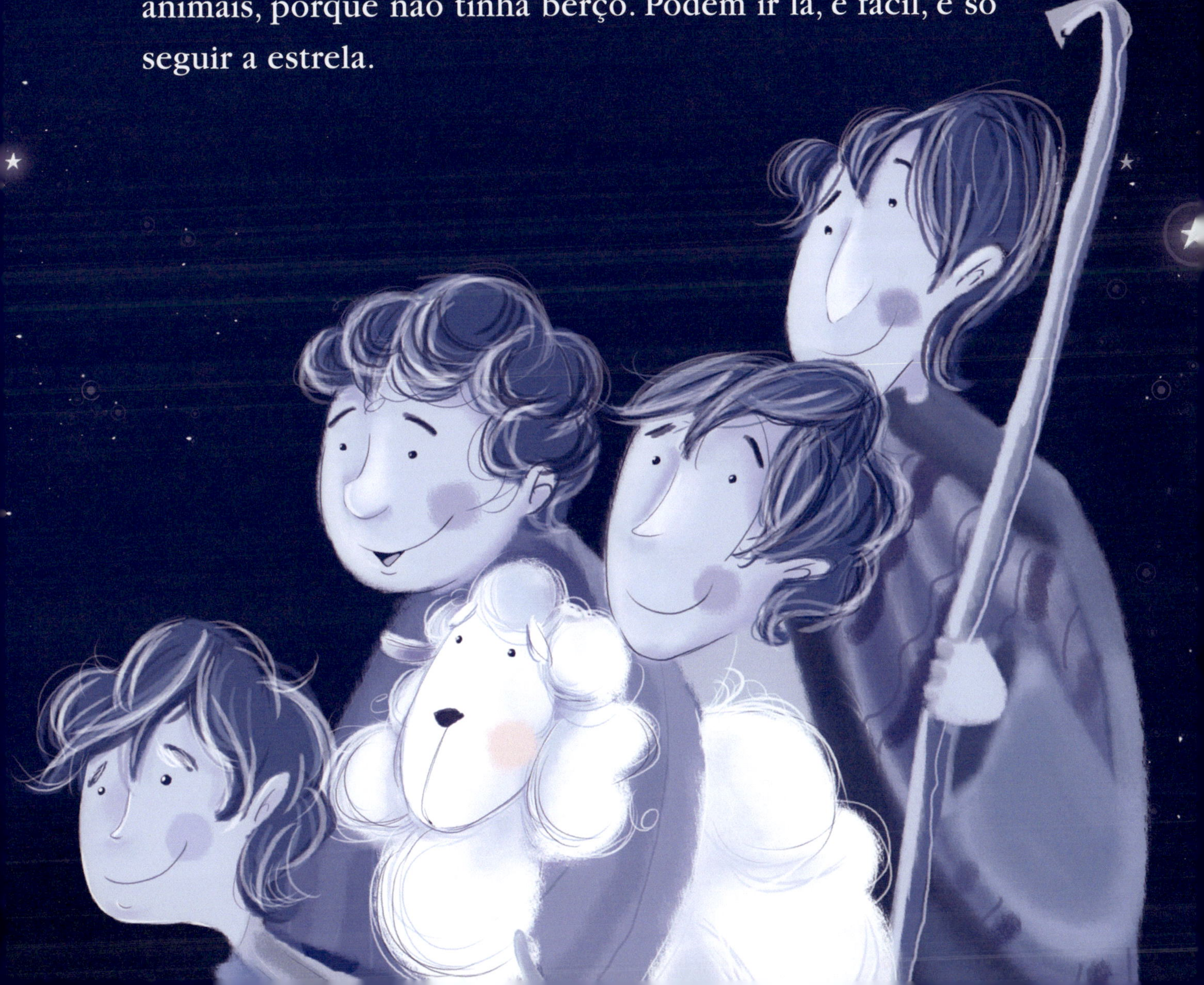

Os pastores foram. Logo viram a estrela bem brilhante. Benjamim saiu correndo na frente, aos pinotes. Num instante chegou lá e viu o menino enrolado nuns panos, deitado na manjedoura, que é como se chamava o cocho antigamente. Era tão pequenino, tão bonitinho, que Benjamim teve vontade de sorrir para ele, cantar, chorar, se ajoelhar e rezar, tudo ao mesmo tempo, e agradecer a Deus porque alguém tinha vindo salvar todos os homens.

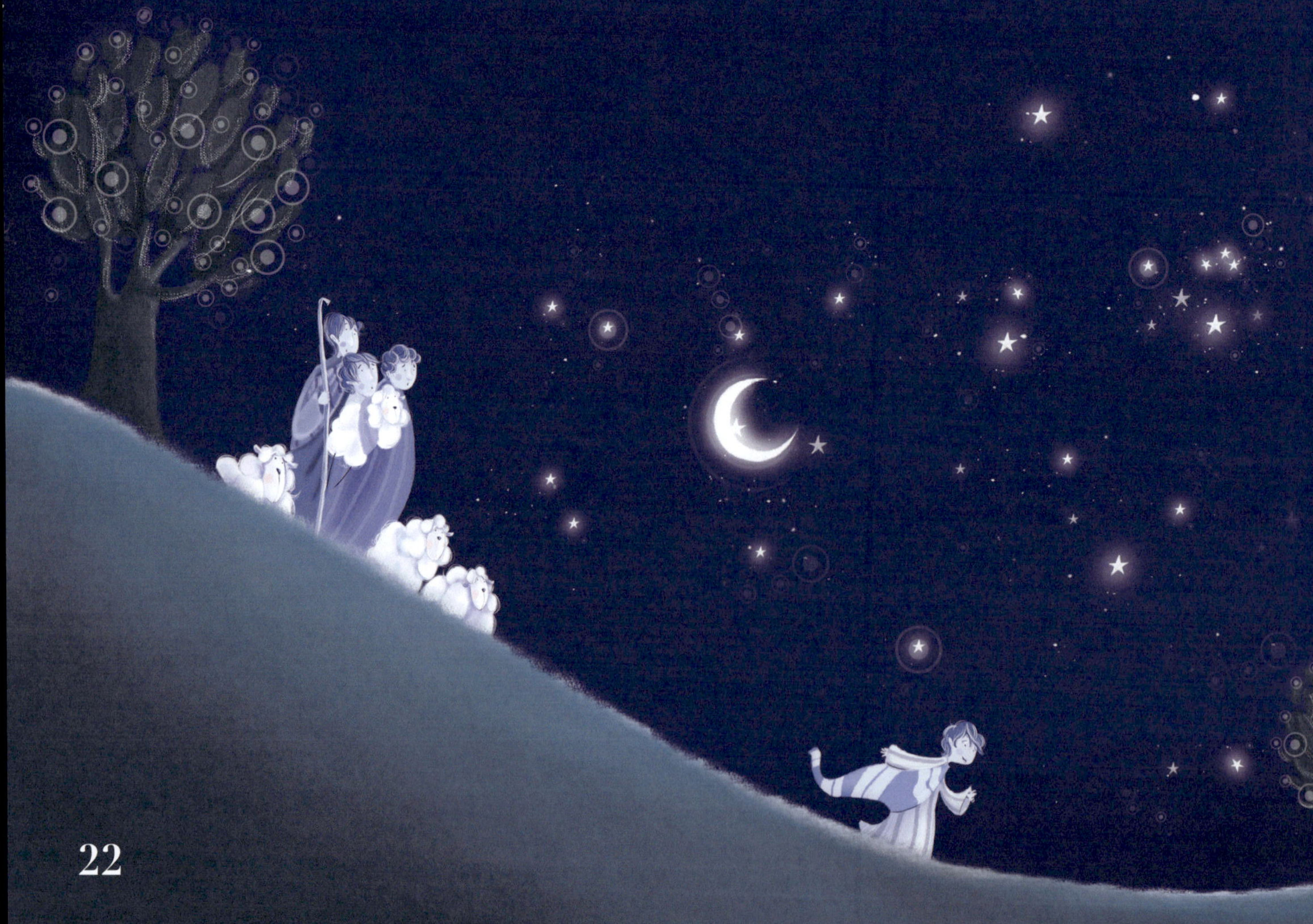

Ficou olhando, quietinho, pensando que ele era a primeira pessoa, além de José e Maria, que estava vendo o menino Jesus, o filho de Deus.

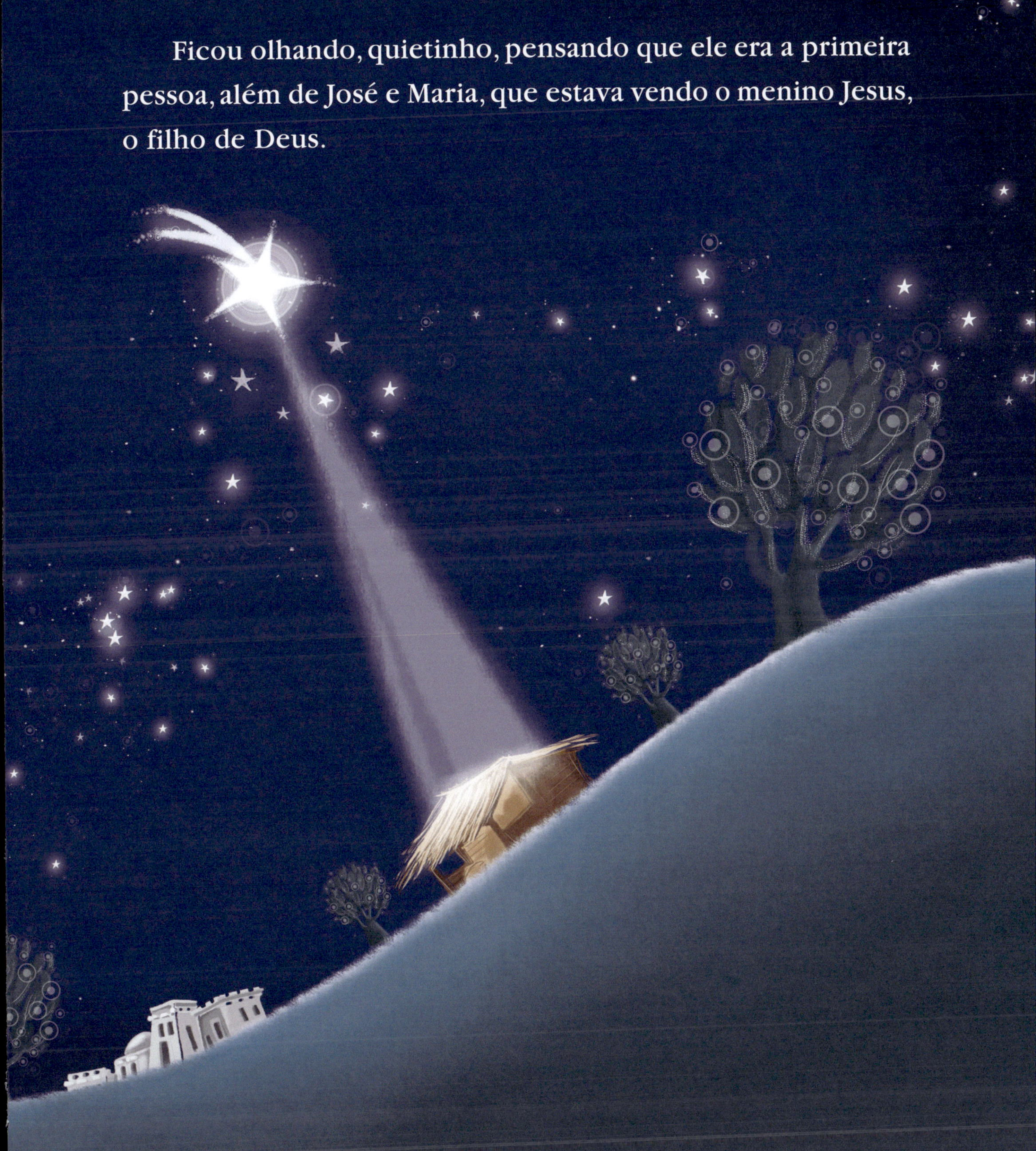

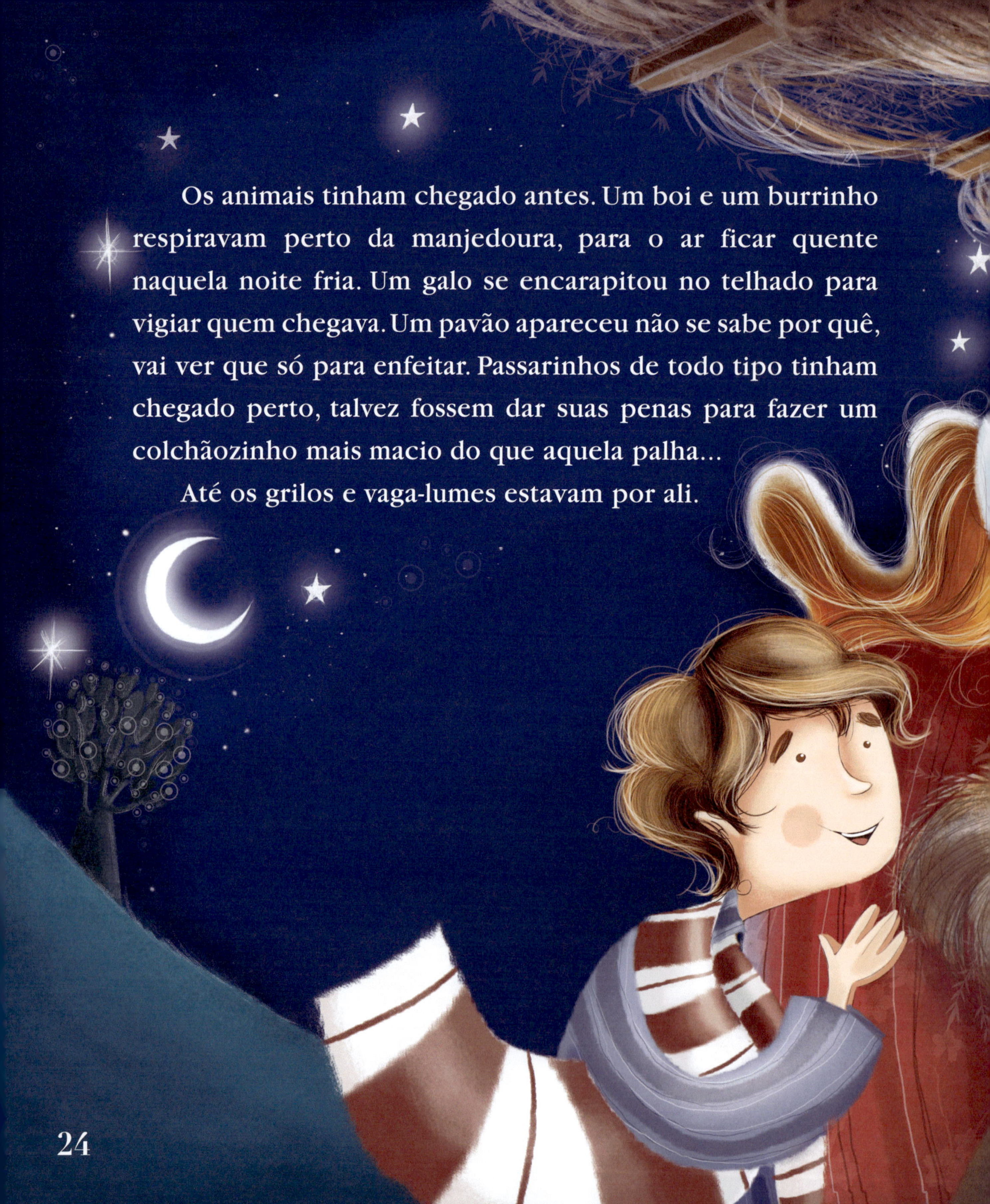

Os animais tinham chegado antes. Um boi e um burrinho respiravam perto da manjedoura, para o ar ficar quente naquela noite fria. Um galo se encarapitou no telhado para vigiar quem chegava. Um pavão apareceu não se sabe por quê, vai ver que só para enfeitar. Passarinhos de todo tipo tinham chegado perto, talvez fossem dar suas penas para fazer um colchãozinho mais macio do que aquela palha...

Até os grilos e vaga-lumes estavam por ali.

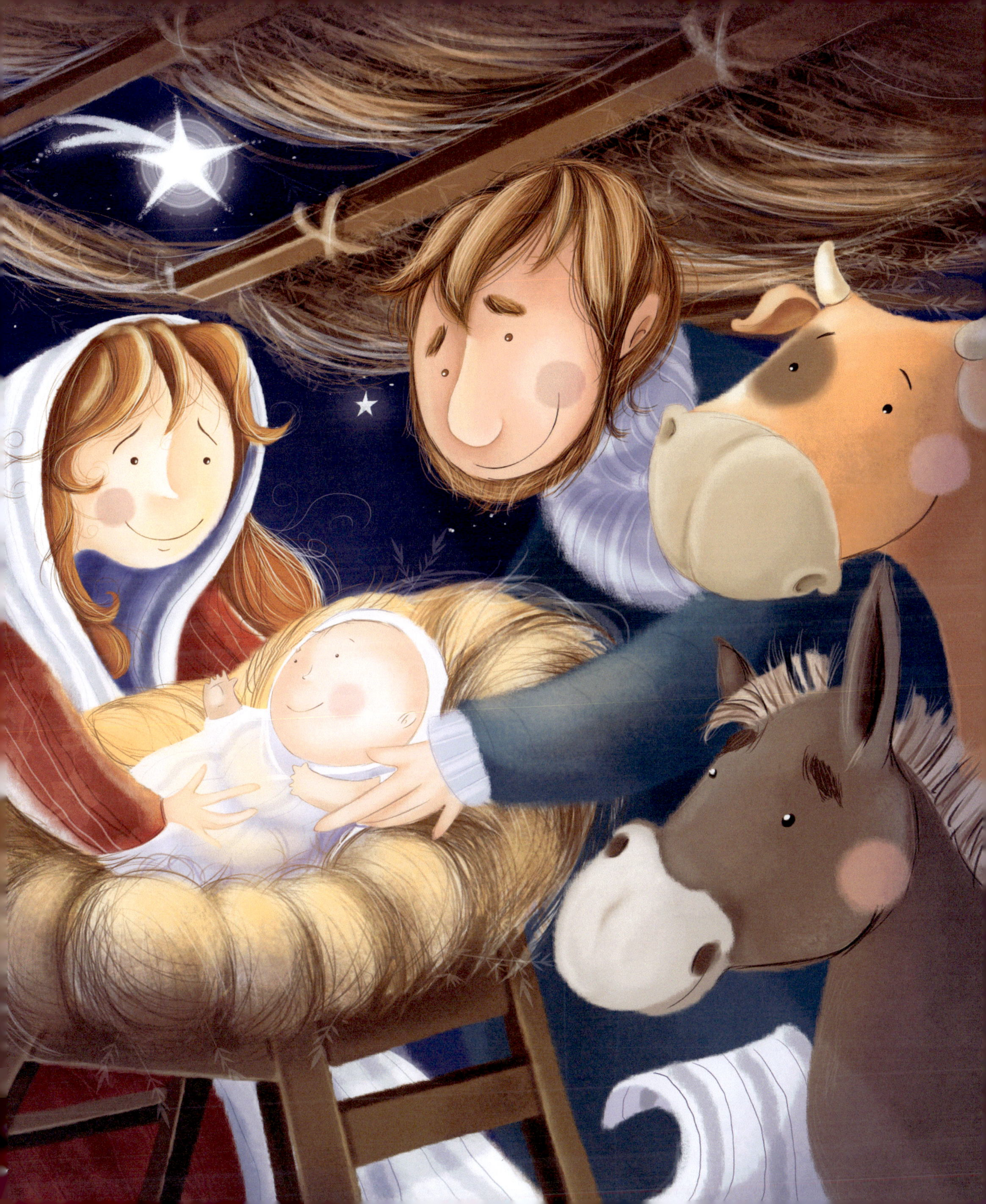

Lá longe, vinham os outros pastores. Traziam presentes para o menino: ovelhas, uma moringa d'água, flores cheirosas, uma manta de lã.

— Puxa! — pensou Benjamim. — Só eu não tenho um presente para ele... E queria tanto dar algo bem lindo...

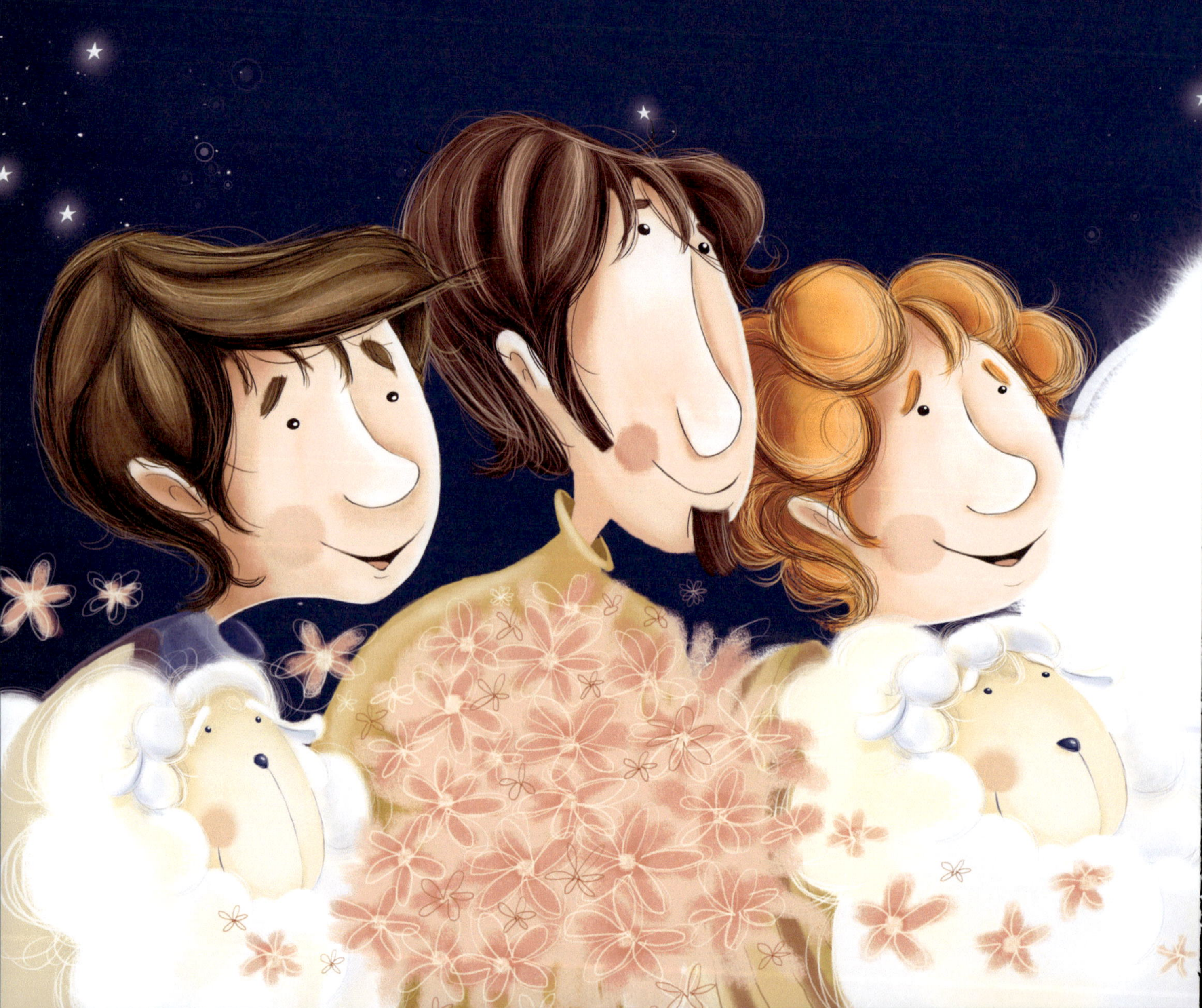

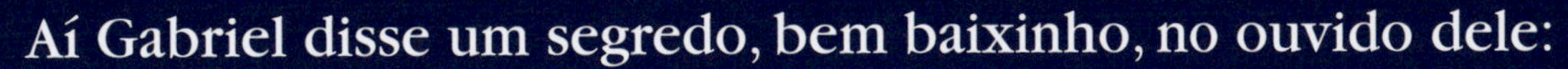

Aí Gabriel disse um segredo, bem baixinho, no ouvido dele:

— Tem presente, sim. O que é que você quer dar?

— Os brilhos da noite! — respondeu Benjamim. — Uma coroa de estrelas ou vaga-lumes.

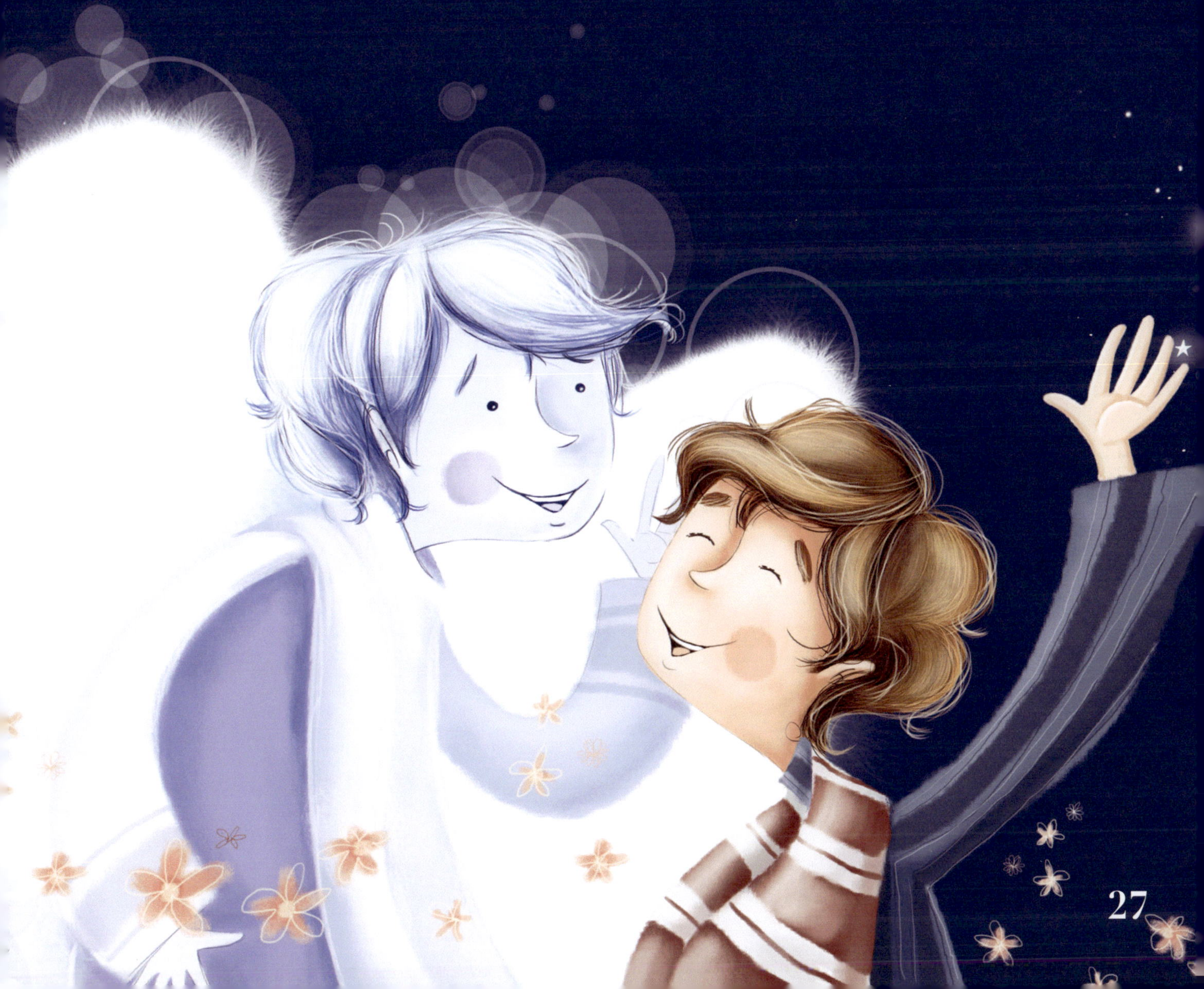

Gabriel sorriu e as estrelas vieram. Ou eram vaga-lumes, não dava para ter certeza. Como se estivessem de mãos dadas, formando uma roda. E ficaram em torno da cabeça do Menino, brilhando e piscando.

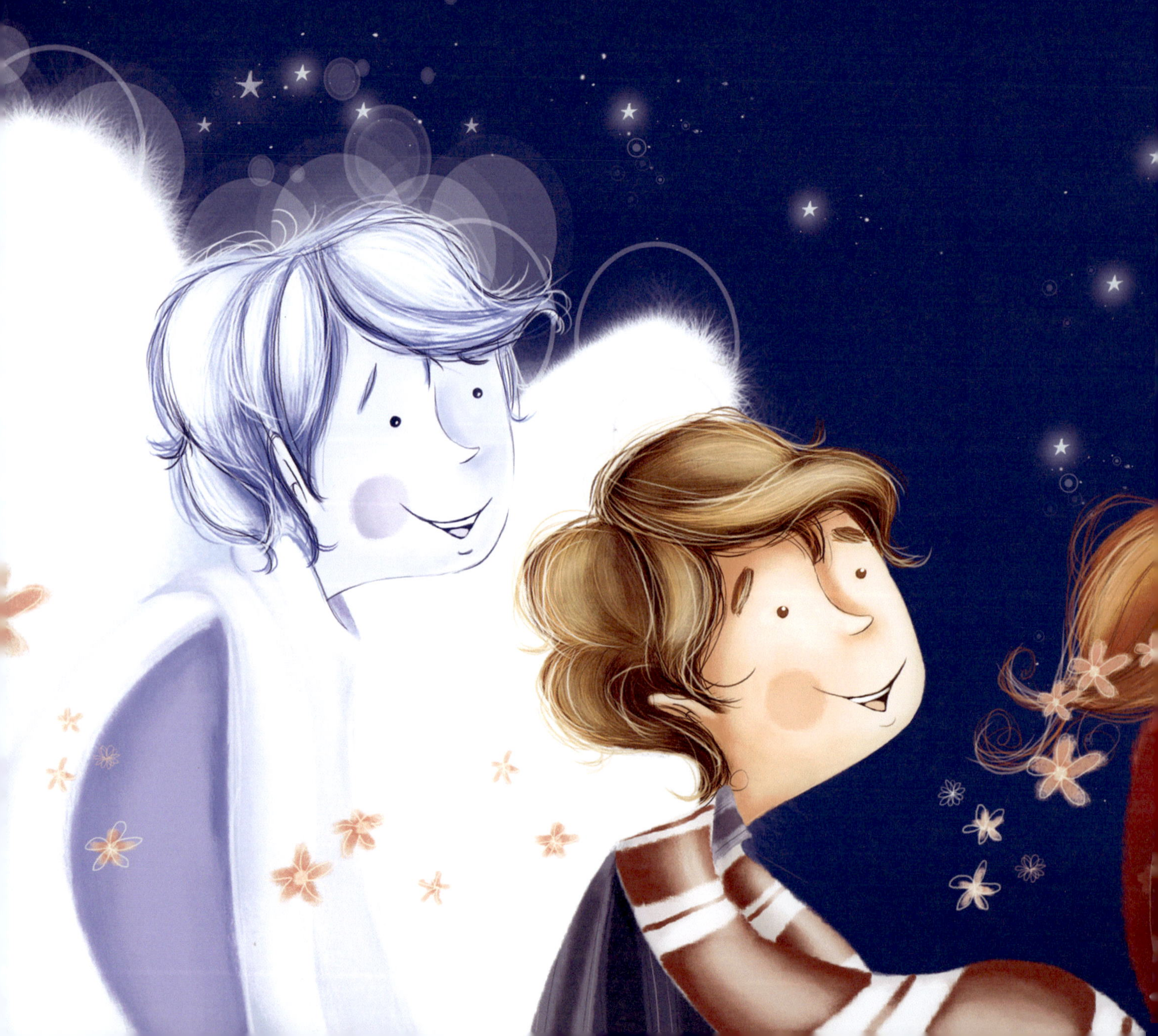

E por todos os séculos, todos os pintores sempre viram e pintaram a luz dessa coroa. Mais leve que a luz da lua.

Presente de Benjamim, com a ajuda de Gabriel.

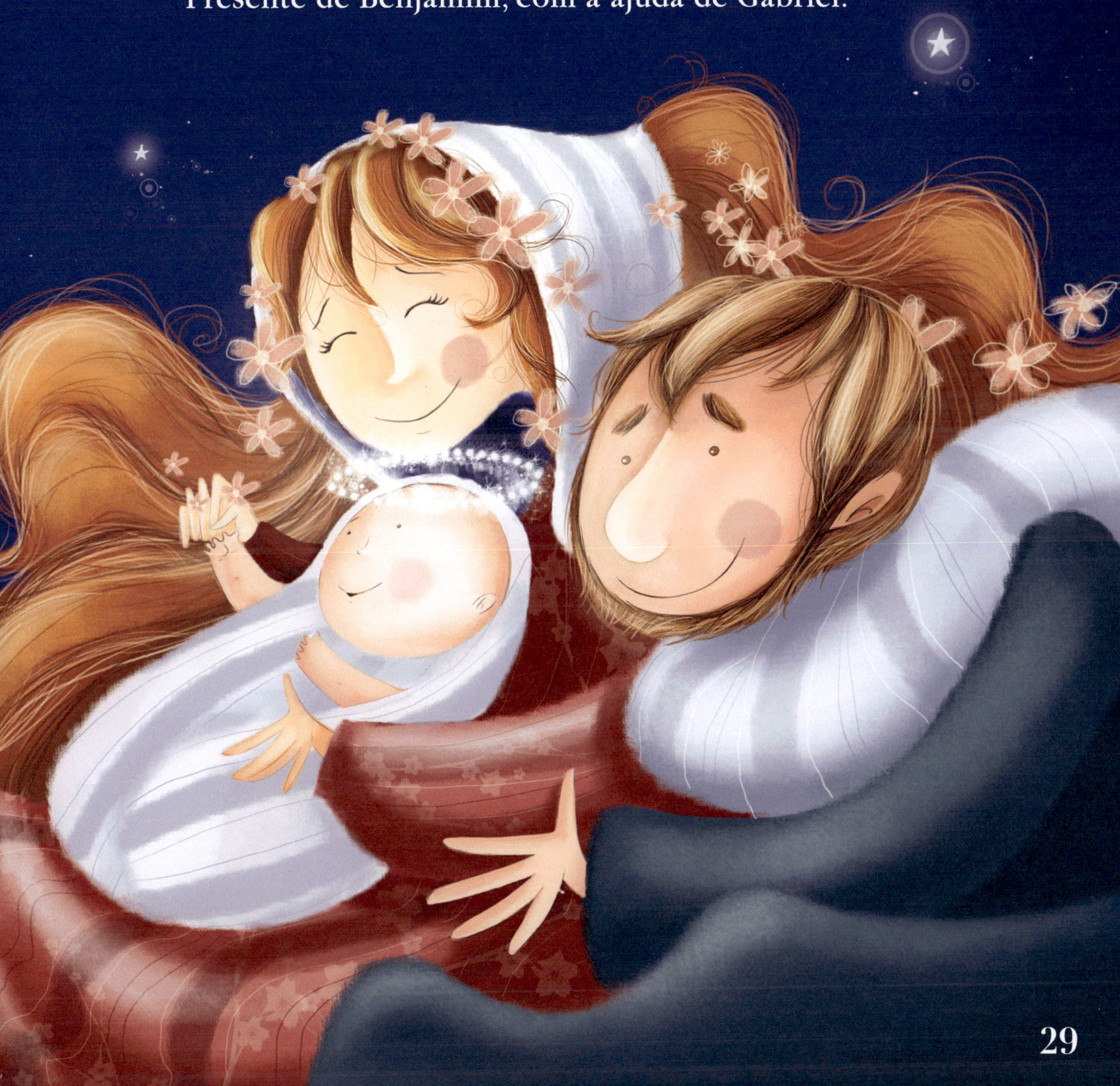

Quem é

Ana Maria Machado

Nasci na véspera de Natal. Mais de uma vez. Na certa foi por isso que, desde pequena, esse dia sempre foi uma festança para mim. É por isso que, volta e meia, me dá vontade de escrever uma história de Natal.

Só que meu Natal não é de consumo e compra de coisas, é muito mais uma ocasião de estar com as pessoas que eu amo, compartindo um momento de alegria, celebrando a vida.

Eventualmente, lembrando o que mais me atrai nesse Menino Jesus que quando crescer vai ser o Cristo: a capacidade de botar o outro em primeiro lugar. Ou seja, meu Natal tem mais a ver com presépio do que com sacolas de compras. Como sempre foi na minha família, de muitos irmãos e dinheiro curto – e inesquecíveis natais. Nada de muito diferente, mas tudo muito especial. Como essa *Noite sem igual*.

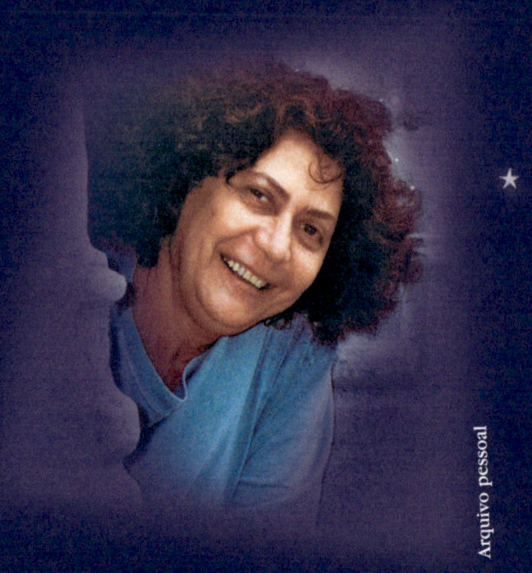

Arquivo pessoal

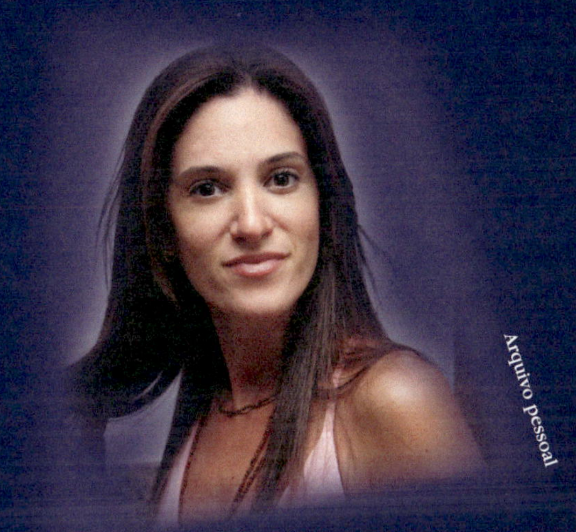
Arquivo pessoal

Quem é

Fabiana Salomão

Comecei a ilustrar livros infantis em 1994, época em que fazia Faculdade de Belas Artes de São Paulo. Depois de alguns anos e muitos passeios pelo mundo, resolvi trocar a capital por um cantinho no interior, Ribeirão Preto, cidade onde vivo pertinho de toda minha família e cuido com muito amor de meu filho. Nesse meio tempo, fiz Letras e agora curso Teologia e é por isso, e por um coração muito agradecido a Deus, que fiquei feliz em ilustrar essa bela história retratada pelas palavras da talentosa Ana Maria Machado. Honra em dobro.